Tabla de Contenidos:

Hazte experto redactor SEO de 0 a 100 en 3 semanas

Primera Semana: Introducción a la redacción SEO búsqueda de palabras claves o Keywords Research:

En principio voy a contextualizar indicando que cada semana depende de la persona, de sus particularidades, ocupaciones, si estudia o trabaja, si realiza ambas actividades y de los días efectivos que va a dedicar a esta formación.

En particular mi semana es de sólo 5 días, no los tradicionales de lunes a viernes ni mucho menos horarios de oficina, de hecho, me levanto a las 8:30 am, desayuno y comienzo mis labores planificadas en mi calendario editorial de trabajo desde las 9am y el horario de mi sitio web **Redactores Creativos** es de **9am a 1m**. O sea lo que es lo mismo siempre abierto para ustedes.

Si les parecen muchas horas, debo agregar que si realmente deseas **construir un verdadero Activo digital** no le creas a ningún vende humo en Internet, a aquellos supuestos Gurús o Gurúes quienes dicen que te vas a hacer millonario de la noche a la mañana sin trabajar, sin esforzarte o sin luchar por conquistar tus sueños y hacerlos realmente rentables, monetizarlos pues, para que valga la pena tu esfuerzo.

Dicho esto, comencemos sabiendo que estos primeros días de la semana 1 Vamos a dedicarlos a aprender sobre las **búsquedas orgánicas en internet**, al fin y al cabo, si quieres **posicionar en Google** y en otros importantes buscadores debes responder las preguntas realizadas en las búsquedas orgánicas por las personas.

¿Por qué es importante dominar la redacción SEO para tu trabajo? Una interrogante que muchas personas se realizan y a ciencia cierta tantas veces no obtienen la respuesta idónea o adecuada.

Antes de intentar resolver esa interrogante debemos establecer una definición de **redactor SEO,** un redactor SEO es un aventajado escritor que usa sus **habilidades** de **escritura creativa** mediante la **Storytelling,** el **Copy conversacional,** y con la **inserción** de unas **palabras clave** obtenidas durante una correcta investigación, lo que se conoce como **Keyword Research.**

Esas **keywords** o palabras clave intentan establecer cuáles son los resultados de búsquedas de las personas en internet mediante unas **herramientas especializadas**, pero no te asustes como sabemos que estas comenzando en este apasionante mundo 3.0 y no dispones de un capital para iniciar con la **adquisición de herramientas de pago**, te recomiendo que utilices **Google** o el **autocompletador de Google** para la búsqueda y determinación de esas palabras clave.

También es importante que uses **Keyword tool** o **Ubersuggest** otras herramientas gratuitas, esta última del **Influencer**, **experto SEO** y empresario **Neil Patel** en esta primera semana del curso vamos a concentrarnos en el uso de las herramientas y la depuración de las técnicas de **Keywords Research**.

Voy a ponerte un ejemplo sencillo y didáctico para que puedas entenderme y afianzarlo rápidamente, voy a buscar el par de palabras **redactor SEO**, para efectos de semántica un par de palabras que en SEO en inglés puede llamarse una **Long tail** o palabra clave de cola larga.

Redactor SEO coloca los parámetros de búsqueda en **Keyword tool**, no te preocupes, **es una herramienta gratuita** muy bien **REDACTOR SEO** la sitúas en esos parámetros de búsqueda, coloca el país donde quieres hacer la búsqueda ejemplo: **Venezuela Spanish en (latino América)**.

Debes también configurar el término de búsqueda según el buscador: **Google, Bing, You tube, Amazon, eBay, Play store, Instagram, Twitter,** entre otros. Y al lado superior derecho especificar si son **palabras clave** ascendentes o descendentes. En la imagen buscamos las de **orden ascendente**. De importancia relevante.

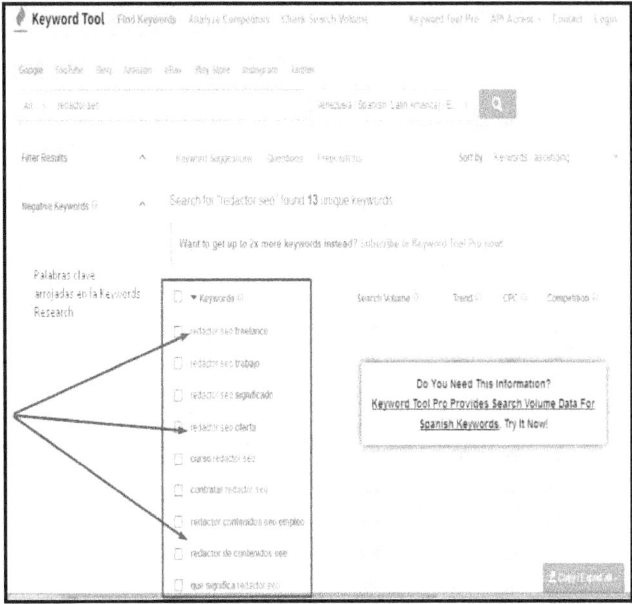

La herramienta Keywords Tool te muestra algo como esto:

Resultados: **redactor seo freelance, redactor seo trabajo, redactor seo significado, redactor seo oferta, curso redactor seo, contratar redactor seo,**

redactar contenidos seo empleo, redactor de contenidos seo, que significa redactor seo.

Bien vamos a hacer el mismo parámetro de búsqueda en **Ubersuggest** la herramienta gratuita de **SEO on page de Neil Patel.**

Redactor SEO Venezuela Spanish Latino América, esta herramienta **Ubersuggest** es más precisa y te arroja varios datos importantes:

Keywords overview SEO Dificultad. Dificultad de pago: Un estimado de la **competitividad** en las **búsquedas pagas**, allí ves un alto número de volumen y competitividad. Y un valor muy importante. El **costo por click** estimado (CPC).

Y no menos importante el propio **Neil Patel** te dice que el averaje de los **backlinks** que puedes obtener con la búsqueda de esas palabras claves te puede enlazar a una

página y obtener muy probablemente un
Backliks con una **Autoridad de dominio** de
38 (DA). Autoridad Excelente, debo decir.

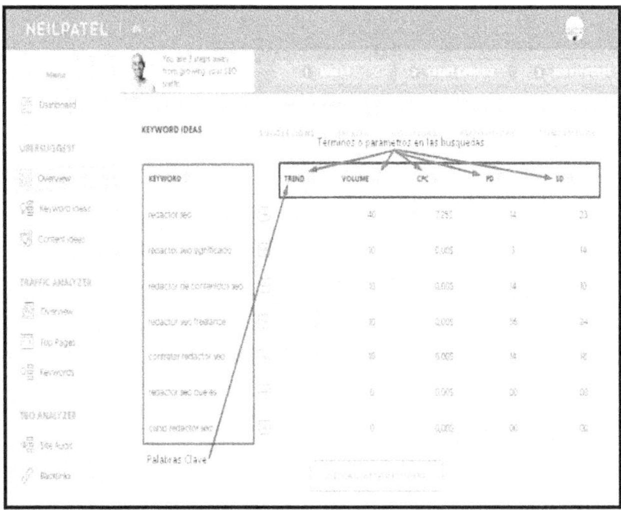

Sin duda alguna esta es una tremenda y muy importante herramienta para que te conviertas en un redactor SEO en muy poco tiempo.

Al determinar esas palabras clave o **keywords** que las personas están buscando en internet aplicando herramientas de **análisis SEO** van a ser usadas en la **redacción SEO** de tus artículos para **posicionar tu Start Up**, **blog**, **sitio web** o **empresa en internet**.

Te muestro en el siguiente link como usamos **la semántica** y naturalmente esas **palabras claves** en un **gran artículo** titulado. 7 Tips para tu estrategia de marketing de contenidos, allí podrás notar **cómo se insertan** esas y otras **palabras claves** con **naturalidad** y para que **no haya canibalizaciones** cuando escribes artículos con **URL**, **palabras claves** y **temáticas** de corte **similar**.

El término **canibalización** tiene que ver con la lucha de **2 URL** entre sí dentro de un mismo sitio quienes compiten por el **posicionamiento orgánico** en Google y las mismas de hecho pueden tener **palabras claves similares** o iguales y los **Google Bot Spiders** de Google no encuentran a cuál posicionar primero, a esa **contradicción negativa** se le conoce como canibalización.

Puedes **dedicar 3 días** de la primera semana de este curso a practicar el uso de las herramientas **Keyword tool**, **Ubersuggest** y el **autocompletador de Google,** que para efectos de este mundillo del **SEO onpage** es la **herramienta gratuita** más potente y fantástica que puedes tener y lo mejor de todo, es completamente **GRATIS repito**.

Para los siguientes 2 días de esta primera semana del curso: **Hazte experto redactor SEO de 0 a 100 en 3**

semanas debo hacerte unas aclaraciones con respecto a la figura del **redactor freelance SEO:**

Un **redactor freelance SEO**, esta figura puede ser muy parecida, o a veces en esencia es considerado lo mismo, es decir el mismo profesional, sin embargo, al hablar de **SEO freelance** nos referimos a aquel individuo profesional o no que trabaja por cuenta propia.

Sin una relación de dependencia (Freelance), en algunos países como España, por ejemplo; es conocido como **autónomo** y que aplica **técnicas de redacción SEO** en el ejercicio de su trabajo para lograr el **posicionamiento web SEO** tanto de sus recursos como el de sus clientes.

Existe en la nube mucha **oferta de redactor SEO**, pero no todos los que ofrecen estos servicios o esa **oferta redactor SEO** puede ser considerado idóneo y con la calidad suficiente para **impulsar tu proyecto** de **marketing online** a los niveles deseados, así que hay que tener sumo cuidado y esmero en la selección del candidato adecuado para tu proyecto **SEO redactor de contenidos.**

Para contratar un **redactor SEO** es imperativo conocer y aplicar unas premisas esenciales:

1. Coloca una **oferta Redactor SEO** bien detallada, explícita y concisa.

2. Especifica muy bien el perfil **redactor SEO** que quieres captar para el o los proyectos que necesitas, así no habrá sorpresas para luego arrepentirse.

3. Pide referencias, sitio web, presencia en internet, trabajos anteriores **redactor SEO,** artículos, links a su **trabajo redactor**, portafolio, en fin todo lo que consideres pertinente, que necesites y que te ayude a encontrar el **redactor SEO** que requieres.

4. Formaliza un encuentro virtual por la vía que desees con los 3 mejores prospectos que hayas identificado según tus criterios de selección en esa **oferta SEO redactor,** puede ser vía skype, zoom, whatsApp, Messenger, Instagram TikTok o Facebook video.

5. Permite que el prospecto final que has seleccionado se familiarice con tu **Start Up, web, blog, empresa** o tienda online antes de darle los

primeros encargos para que comience el proceso **SEO de posicionamiento** de tu sitio a través de la **redacción SEO**.

6. Pídele que construya una **estrategia de marketing para el posicionamiento SEO** a través de las **técnicas** de **copy redacción SEO** uniendo esos aspectos y tomando en cuenta todas las **variables** según tu mercado, **nicho** o **público objetivo**.

Puedes utilizar de hecho estos 2 días de la primera semana para determinar las **características del Redactor SEO** en el cual quieres convertirte y aplicar esas técnicas de selección allí expresadas si llevas tu proyecto simultáneamente y quieres ir avanzando en el mientras aprendes todos los trucos del arte y técnica de la **redacción SEO**.

Segunda Semana: Técnicas de SEO atrayente y Copy Conversacional:

Voy a darte aquí mismo las <u>técnicas del Inbound SEO</u> o **SEO atrayente** usando el <u>Copy Conversacional</u> lo que puedo decirte que es una herramienta que usan los **grandes copywriters** para pulir su redacción SEO.

Un excelente **Plan de Marketing digital** parte de un gran enfoque, desarrollo, minuciosa profundidad y claridad en sus ideas, para cumplir estas expectativas hace mucho énfasis en los aspectos de **inbound SEO**, y el **copy conversacional** como concepciones de vanguardia.

Inbound SEO o SEO atrayente: **¿Inbound SEO, que es y cómo se digiere?**

Al respecto **Alfonso Ojeda,** invitado por **Dean Romero de Blogger3cero** y la Start Up **Contenido para SEO**, dice que Inbound SEO es algo así como **SEO de atracción**.

Para este servidor es SEO no intrusivo, no invasivo, no propulsado u obligado, no impuesto de tal forma que en lugar de inducir y atraer **tráfico orgánico** y **posicionar en Google**, se te pueda revertir y causar daño antes que un beneficio así que cuidado con esto.

Y con la aplicabilidad de estos elementos y tips literalmente pulverizar a su competencia cuando se trata de **captar clientes** y **lograr conversiones** y **ventas** con pequeños **textos copy**, llámese **textos publicitarios** enfocados en la **captación de prospectos**, para lograr el **engagement**, la **conversión**, y así afianzar esas ventas con la **posterior fidelización**.

Copy Conversacional

Copy Conversacional: Son **técnicas de comunicación**, uso correcto de las palabras y ubicarlas en un **contexto adecuados**, emplear **pequeños textos** con **potentes intenciones** y contenido que apela a las neuronas y a la psíque del lector generando y de hecho inducir en él un **Call to Action** o llamado a la acción (CTA).

Con respecto a lo anteriormente señalado **Maider Tomasena** al referirse al **copywriting conversacional** explica: "Es **escribir** simulando **una conversación**, una conversación entre dos personas de carne y hueso…usando el mismo lenguaje, el mismo ritmo y sobre todo la misma **sensación de intimidad**."

Ese principio de intimidad y de intentar crear un **acercamiento** es lo que hace de la **técnica** del **copy conversacional** algo tan efectivo, en el mundo digital hoy día la **interacción** mucho más **personalizada** y directa es apreciada por todos o por lo menos la mayoría de tus interlocutores que interactúan con tu empresa, marca o servicio lo que **genera confianza a la hora de vender.**

Esa proximidad cuando llega el momento de adquirir un bien, producto o contratar un servicio las personas lo harán a quienes conocen, o con aquellos con los **cuales estén más identificados**, otro punto a favor del **Copy Conversacional.**

¿Qué características debe reunir un Profesional Copy Creativo que aplica el Copy Conversacional?

- Es un aventajado **comunicador** que **redacta**, piensa y escribe como pocos, pero es muy capaz de influenciar a muchos.
- **Analítico** y proactivo, maneja el **lenguaje** de tal forma que **seduce**, enamora, atrae y engancha.
- Utiliza el **poder de la coacción** mimetizada en su accionar a través del **lenguaje tanto oral como escrito**.

- **Intuitivo, capaz**, único, pujante, muy **profesional** pero sobre todo real.
- Se enfoca en el uso de la **agudeza mental** y/o **sugestión** además de cada **recurso disponible**, es entonces el profesional que explota al máximo el **Copy Conversacional**, o sea, es el **Patrick Jane** de **"El Mentalista"** que logra resultados casi de la nada, hasta **con micro textos.**

Utiliza los primeros 2 días de esta **segunda semana** de curso para estudiar, apelar y practicar esas y otras características que debes aplicar en tu escritura para convertirte en un **auténtico Redactor SEO.**

Romuald Fons

Fuente: diaridetarragona.com

Con respecto a esta temática de la **Redacción SEO** citaremos a **Romuald Fons**, una **autoridad en el SEO** no solo en **España** sino en todo el mundo, el creador de la **Armada Digital,** una membresía sobre la creación y **monetización de nichos** y de los **Furiosos del Marketing**.

Muy bien **Fons** al referirse a la **Redacción SEO para el Marketing** expresaba: "Search Engine Optimization SEO" posicionamiento en buscadores, optimización en motores de búsqueda, es básicamente una técnica de **Marketing online** o **Marketing de optimización** que busca **atraer tráfico orgánico** a tu web.

Conseguir el máximo de visitas posibles a través de los buscadores, es entonces la **redacción SEO** base de las **tendencias del marketing actual** para optimizar a través de la creación de **Landing Page** (Páginas de aterrizaje) para convertir y vender, técnicas para conseguir enlaces **(Linkbuilding)** y crear **tiendas de afiliación** lo que contribuye a mejorar el **SEO de tu escritura** para el **Marketing**".

Estas afirmaciones de **Romuald Fons** refuerzan la intención de **Ana Miller** cuando se refería a las **técnicas adecuadas de copywriting** para el **SEO** y sobre la redacción SEO y el **Marketing** siendo necesaria una **escritura fluida** para la **buena legibilidad** lo cual es vital para el **posicionamiento SEO** y desde luego la **correcta comunicación**.

Es por esta y otras razones que los perfiles **SEO Redactores copywriters** que apliquen las técnicas del **Copy Conversacional** son tan importantes y deben ser valorados y por ende atesorados en la actualidad, ya que este es el futuro del SEO, y del SEO local además, como decía Rafa Ramos, y el posicionamiento orgánico en el internet.

Así mismo para considerarte como un **verdadero redactor SEO** aplica estos consejos: Esos trucos infalibles basados en el **copy** que te afirman que **no** debes **usar adverbios** terminados en mente porque a las personas no les gusta que tajantemente.

Fíjense bien usamos el adverbio, adjetivo tajantemente lo cual denota que **no admite**

discusión ya que corta cualquier posibilidad de réplica en la acción, **algo muy taxativo** y a las personas no les gusta que les impongan las cosas o que les digan que hacer por más autoridad que tengas en el tema.

No usar palabras complicadas, un **vocabulario** por todos **entendible** facilita la **interacción** y la **comunicación** a través de **la redacción SEO,** de la misma forma **evita verbos pasivos**, es mejor **inducir a la acción** y para esto es excelente el **copywriting conversacional** donde tus lectores deben ser los **protagonistas**, repito y aquí hago un inciso: **el llamado es a la acción** Call To Action **(CTA)** encamínalos con autoridad y responsabilidad a la acción, con voz activa y adecuada.

La **Redacción SEO** se nutre con todas esas técnicas, finaliza la semana estudiando y aprovechando estos elementos en tu formación y en unos pasos a saber:

1. Entiende a tu audiencia: **estudia intensamente a tu audiencia** así puedes determinar **el tipo de contenidos** que les vas a proporcionar lo cual te permite que sean **más aceptados**, ya que van dirigidos a ellos.

2. Continúa con el repaso y afianzamiento del **estudio de las palabras clave** y la **analítica**, **Google Search Console y Google analytics** te permite medir a tu audiencia, ver como ésta acepta o rechaza uno u otro contenido y del mismo modo **medir los niveles de atención** y/o aceptación y el **feedback de tus interlocutores**.

3. Valora el **Big Data** y la **estructuración de la información**,

la **llave del éxito** de un **contenido de calidad** es el nivel de sinergización que la **audiencia** representada por tu **público objetivo** reflejan en el **análisis de datos**, lo que definitivamente permite **planificar** y encaminar tus **estrategias a futuro**.

4. Enfócate en **crear contenidos excepcionales**, no lo hagas solo por cumplir o por salir del paso, **genera valor, responde preguntas, induce interacción**, aconseja a tus lectores, ofréceles conocimientos sin mezquindad, ellos te lo agradecerán siempre con **la fidelización**.

5. Utiliza **técnicas SEO Marketing** cumpliendo con las tendencias, pero sobre todo **resolviendo inquietudes** y siempre conectando y **respetando a tu audiencia**.

6. Las **palabras clave** junto a la **SEO Semántica** y con técnicas de

Storytelling para una mayor **naturalidad en el uso del lenguaje** de manera orgánica y real.

7. Favorece la **optimización SEO,** pero sobre todo la **atención de tu público objetivo** y que esos contenidos respondan a las **tendencias SEO de tu escritura** enfocadas en el **Marketing** de aquellos prospectos que necesitas captar y conducir a través de la **pirámide de contenidos y el embudo de conversión** y convertirles en tus clientes.

Con estos sencillos elementos culminamos la segunda semana de tu **formación como redactor SEO**.

Te invito a visitar mi Blog y sitio web Referencia para auto publicadores en KDP: **Redactores KDP Editorial Design:**

https://kdpeditorialdesign.com/

Tercera Semana: Plan de Contenidos para nutrir tu estrategia de SEO Redacción:

Plan de Contenidos: Los **3 primeros días de esta tercera semana del curso** los dedicaremos a tu formación en los **aspectos básicos del Plan de Contenidos**, para finalizar y que tu práctica en los últimos 2 días de la tercera semana se enfoquen en la **estructura** que debe cumplir un artículo, así mismo voy a darte **10 claves** para que sepas como hacer el **Marketing** de tus **contenidos SEO** redactados para que les saques el mayor provecho posible.

Esa **arquitectura** con una correcta **redacción SEO**, al sintetizar y aplicar todas estas técnicas te habrás convertido en un **Experto en redacción SEO** de **artículos**

Optimizados en tan **sólo 3 semanas** como te prometí.

¿Qué implica un Plan de Contenidos?

Al intentar implantar las **estrategias** que te conduzcan a un **plan de contenidos,** es imperativo **establecer** el camino o las **directrices** a seguir y los objetivos que se desea alcanzar para lograr un exitoso plan de contenidos en la macro estrategia del **marketing de contenidos**.

Pero, **¿qué es el marketing de contenidos?** **Vilma Núñez**, una conocida empresaria, bloguera y especialista en **Marketing Digital** describe de forma sencilla el **Marketing de Contenidos** así: *"Nos referimos a marketing de contenido cuando la estrategia empleada por las marcas se basa en generar ciertos tipos de* *contenidos útiles e interesantes que generan una reacción positiva en sus usuarios."*

Expresado esto es necesario que sepas que el **marketing de contenidos** no es solo una **tendencia** actual, sino que es la **estrategia** más potentísima que puedas imaginar para encender los motores que te lleven a lograr los niveles de avance y **posicionamiento** web **SEO** que te conduzcan de manera clara, simple, atractiva y real al **norte** de los mejores en tu sector y alcanzando horizontes y **niveles de conversión** y **engagement** por ti jamás soñados.

Público Objetivo:

La **segmentación adecuada** y el **direccionamiento** específico maximizan la **potencialidad** y el éxito de toda **campaña de contenidos** bien planificada dentro de una macro **estrategia** de **marketing online.**

Determina a quienes te vas a dirigir y que **recursos** vamos **a utilizar** para **impactar** positivamente a esos **prospectos** que nos interesa **captar**.

Motivación:

Vamos a tomar nota de todos los aspectos que se deben cubrir para dirimir a la hora de responder las interrogantes: **¿qué debemos hacer para lograr los objetivos?, ¿qué método de planeación estratégica seguiremos?** Con quienes contamos, quienes son las personas de nuestro equipo idóneas para acompañar el logro de esas metas y así sucesivamente, visualizar todo, no dejar nada al azar. Cubrir todos esos aspectos es inherente a la motivación.

Aplicar la **Matriz FODA** (Fortalezas, oportunidades, debilidades y amenazas)

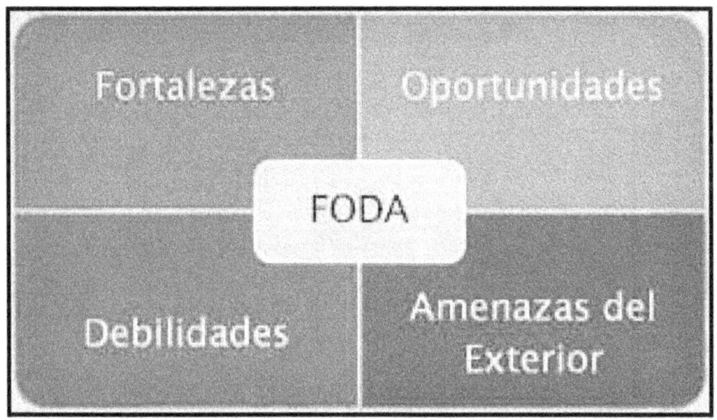

Fuente: conceptodefinicion.de

Esta **matriz FODA** es el **recurso de planeación estratégica** más universal, aplicable a toda acción sin omisión y tendiente a **lograr metas** y **alcanzar objetivos** concretos, puede acompañarse en la **planificación** de actividades con el **Diagrama de GANTT.**

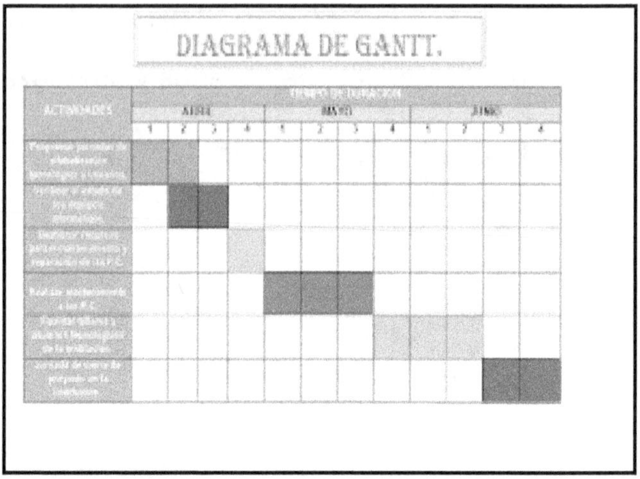

Fuente: Pinterest.com

Aquí, un apartado y un agradecimiento muy especial a mi profesora de la universidad: Clemys García Mago, quién aparte de enseñarnos sobre el diagrama de GANNT fue un pilar en toda nuestra formación. MUCHAS GRACIAS CLEMYS.

Muy bien, continuando entonces con la metodología del **diagrama de GANTT** que nos enseña a presentar una métrica respectiva de herramientas específicas, las cuales te permitan establecer a tu **Buyer Persona** ideal, quién no ofrezca mayor resistencia a la hora de ser conducido por las distintas fases del **embudo de ventas** en un esencial y armonioso **Plan de Contenidos.**

Pero, ¿qué es un Buyer persona?

"El **Buyer persona** es el arquetipo de cliente ideal de un servicio o producto, del cual se cuenta con **datos sociodemográficos** concretos e **información** sobre aspectos como su **conducta online**, personal, **profesional** y de su **relación** con la **empresa** que ofrece el **producto** o servicio"

A decir verdad, uno de los principales **planes del Inbound Marketing** es **crear contenido de valor** a partir de la conducta de este Buyer Persona, lo cual es importantísimo en el **Plan de Contenidos**.

Ese **contenido súper original** lo debes intercalar, presentándolo en **capítulos** o **segmentos**, tipo saga, siempre dejando la sensación del sabor del caramelo en la boca induciendo siempre a la necesidad de este.

Inventario de recursos y establecimiento de canales adecuados de difusión:

La **gestión de la comunicación interna** en las empresas es base del establecimiento del **inventario de recursos** disponibles y nos ayudan a lograr encontrar los **canales** adecuados para la **difusión** de esos contenidos del plan para **impactar** un mayor número de personas **y masificar los resultados.**

Estrategias en **redes Sociales** o **Social Media Marketing** los principios del social media marketing ya los hemos establecido, pero lo ideal e importante es ampliar cada vez más esos **recursos** y el aprovechamiento de su potentísima **incidencia.**

Claro está si nuestro **público objetivo** son aquellos adolescentes que nacieron arropados en su seno, esos denominados **Millennials** quienes cuando nos referimos a estas **redes sociales** se mueven como peces en el océano con tal soltura y eficacia que hasta produce cierto pavor pretender aislarles de ellas.

Construye siempre la **reputación digital** de tus **productos**, empresa, **marca** o **servicios** a través de una concienzuda y muy bien lograda reputación digital, recuerda que tu presencia digital en este **mundo 4.0** que ya es **5G** no admite más que éxitos con gran presencia en los mejores y más **influyentes medios sociales,** te garantizaran una mayor difusión.

El tipo de contenidos para la estrategia de marketing de contenidos:

Contenidos del tipo, ¿cómo se hace? o How do, estilo tutoriales, que responden a las necesidades de las personas durante sus búsquedas y que además son tanto educativos como llamativos, son pilares y **tendencias** en el **posicionamiento actual** por lo cual no deben faltar en tu **estrategia de contenidos.**

Contrata para el Blog de tu empresa a un especialista en **Periodismo digital, Networking o Marketing digital.**

Ese profesional que genere para ti un **contenido supra relevante**, en un espacio-tiempo donde la gente no dispone de mucho para apreciar el **valor** de las cosas, y que además reciba algo productivo, de gran valía que le genere un plus ya que a este nivel no se trata solo de escribir bien.

De **semántica, gramática** o de **sintaxis**, es una cuestión de honor, de **copywriting** donde no solo sea vender sino **seducir** y enamorar para **fidelizar** a ese tu **público objetivo**, el pilar de nuestra estrategia exitosa de **marketing digital.**

Métrica como base de todo:

Gestionar, medir y analizar son cada vez más imprescindibles **recursos** y las herramientas a utilizar para que ese análisis, esa medida, y la **evaluación** a criterio de esos **resultados** son los que te van a conducir siempre dos pasos delante de tu **competencia**, hay muchas herramientas para la **métrica** online, unas gratuitas otras de pago, evalúa cada una de forma **profesional** y utilízalas de forma inequívoca con ahínco y pasión, esa **evaluación** y presentación de **resultados** te llevarán al **éxito** más temprano que tarde, ya verás.

Tácticas de promoción de los contenidos:

Viértelos en esos **medios** donde los **resultados** de tu **métrica** han calado e identificado el mayor accionar, al horadar tan profundamente en la psique de tu **Buyer Persona,** en los segmentos adecuados y de forma real e insistente sin ser invasivos ni mucho menos intrusivos vas a poder mostrarte y esa **promoción de contenidos** de **calidad** con **técnicas de SEO** catapultarán tus logros al infinito y con una correcta **frecuencia de publicación** te van a sonreír siempre los medios y los prospectos.

Medición final del Plan de Contenidos:

Para **medir** necesitas aplicar la **conciencia** y desde luego la métrica, el uso de una clásica **estrategia** parte de **recopilar datos** para **analizarlos** y en base al **estudio** a conciencia de todos esos datos de forma lógica, con datos provenientes de la **realidad** y no de la **virtualidad**, ese uso de cada recurso con maestría en el **marketing** con un correcto **plan de contenidos** y basados en la **realidad** del mundo de hoy donde las **tendencias** cada vez más marcadas enfocan a la **multilateralidad** y **multifactorialidad** lo que infiere e induce a **datos reales** los cuales conducen a **análisis reales** y por ende a **resultados reales**.

En un **mundo** cada vez más **globalizado** y cuyas **tendencias** llevan a las personas a posicionarse cada vez más, a mostrarse a ubicar sus marcas en el Top ten, empresas o servicios y mientras cada fracción de nano segundos se crean miles de millones de **sitios web** en el mundo, los cuales definitivamente **demandan** contenidos y **contenidos de calidad** además, es cuando se hace necesario dominar tu nicho de marcado para impactar positivamente a tu **público objetivo** a través de tu **marca** y esta **estrategia** puede desarrollarse correctamente a través del **marketing content**.

Expresado esto vamos a darte **10 claves** que debes poner en práctica en tu **estrategia** de **marketing** enfocado en tus **contenidos**, enhorabuena a la acción:

1. **Selección del tema:** Tan importante como la orientación de tu marca, empresa o servicio y el ceñirse a las tendencias del mundo actual, pues seleccionar los temas en tu estrategia

de contenidos es vital, porque de nada vale tener el mejor diseño o el mejor color en tu sitio o que el mismo haya sido realizado por el más laureado diseñador web, si tus contenidos dejan mucho que desear, así que si quieres alcanzar los objetivos propuestos céntrate en los temas más adecuados y en la forma de abordarlos para tu estrategia de contenidos.

2. **Contenidos gemelos o serie de contenidos:** A qué crees que nos referimos cuando hablamos de serie de contenidos o contenidos gemelos, son términos usados para **generar expectativas** en las personas, en el público objetivo o en tus interlocutores consumidores de tu oferta de servicios, de **tu marca** y de **tu empresa**, hay que ofrecerles

contenidos de calidad, eso es muy importante, pero no debes entregarles todo de una sola vez, es imprescindible darles un abre boca, eso si nada incompleto, bien estructurado pero algo así como tipo saga, una serie de eventos o sucesos en fracciones hasta alcanzar lo deseado según sus perspectivas y visiones.

3. **Difusión y público objetivos:** Al crear contenidos de calidad enfocados en tus estrategias de ventas a través del **marketing de contenidos** debes tener algo muy presente, la correcta difusión, es decir usar los medios adecuados para obtener un mayor alcance y efectividad, no puedes comunicar lo que deseas a un invidente con un

libro, una imagen o la TV, debes usar Braille.

Así que selecciona los medios aptos para la difusión y enfócate en tu público objetivo, sedúcelos y condúcelos a través del embudo de ventas sin que ellos se sientan obligados, ultrajados o comprometidos, al contrario que se sientan que definitivamente necesitan llegar allí a consumir lo que les ofreces con un usufructo para ganar.

4. **Nicho y segmentación adecuados:** Existen varios tipos de segmentación, según que van si te diriges a un nicho anónimo o si vas enfocado en tu público objetivo, para **Laia Ordóñez** existen varios criterios de segmentación: y para no hacer

esto más largo o tedioso sólo citaremos 3 criterios y todos van a depender de la atención a tu nicho específico y al **público objetivo**: Pues bien Laia refleja.

"**Criterio demográfico:** abarca edad, sexo, nivel adquisitivo, educativo, etnia, estado civil y profesión. **Criterio geográfico**: también conocido como **geo-targeting** o target geográfico que se refiere a los nichos y ubicación del mercado, y el **Criterio psicográfico** o el estilo de vida que incluye aficiones, actividades y hobbies"

5. **Originalidad y estilos únicos:** Ninguna marca se parece a otra, o por lo menos esto debe ser así si es que quieres ser exitoso con tu brand, servicio o empresa, tienes que ser

original ante todo porque si no, estarás destinado al fracaso.

Un **estilo único** define lo que eres y dice de ti y lo que tienes para ofrecer al mundo, así que a enfocarse a ser lo más único, **genuino y original** posible de este mundillo de las <u>tendencias networking</u> basados en el internet de las cosas y en los mercados globales, si no tienes lo necesario para ser único y original, pues retírate y deja el espacio a tu **competencia** que definitivamente esto no es para ti.

6. **Adaptabilidad o adecuación a las redes sociales:** Sabemos que estos no son los **datos** más **actualizados** pero para abril del año 2019 la **población mundial** está por el orden de los 8.6 mil millones de personas,

de estos internet acoge a 4,2 mil millones de usuarios.

Hay más de 2 mil millones de **sitios web en el mundo**, este dónde estás leyendo es uno de ellos, para ese mes de abril existían 3,03 mil millones de usuarios activos en **redes sociales** y en promedio las personas tienen unas 5,4 cuentas en redes sociales.

Pues bien recién a mediados de este año 2019 y según cifras de la fuente **Brandwatch**, muy reconocido medio y que ha estado presentando **estadísticas de marketing**, entre ellas 116 estadísticas interesantes sobre este aspecto de las redes sociales. Afirman que el 91% de las marcas retail o de ventas al menudeo utilizan 2 ó más **canales en redes**

sociales. El 81% de los negocios pequeños y medianos usan un tipo de plataforma social. Hay un nuevo usuario de redes sociales cada 15 segundos.

Facebook Messinger y **WhatsApp** gestionan unos 60 mil millones de mensajes y en la red social azul se crean 6 perfiles nuevos cada segundo. El 68% de los Norteamericanos están en la citada red social, allí mismo hay 60 millones de páginas activas de negocios.

Entonces, **¿necesitas más razones que las anteriormente expresadas para crear contenidos en sincronía y adaptados a los distintos formatos de redes sociales?** Es condición que no admite prueba en contrario, es necesario Sí o Sí, así que debes hacerlo por el bien de tu marca, negocio, **producto o servicio**.

7. **Orden de las frases e ideas:** Cada frase e idea expresada en tus contenidos debe estar en el sitio y contexto adecuados. Un **contenido de calidad** que de verdad pueda aportar a tu **estrategia de marketing** de contenidos debe cumplir con esas 2 importantes premisas. **Ideas claras**, concisas, directas y actuales que estén en concordancia con el **sentir** de **tu público objetivo** y con las **tendencias** del mundo de hoy.

   Frases globalizadas y no solo que puedan ser decodificadas en entornos locales, mientras más universal sean las ideas y frases expresadas en tus contenidos te van a **garantizar una mayor audiencia** y a **mayor tráfico aumentan tus estadísticas**.

El **posicionamiento en los buscadores**, lo que por ende **mejora el SEO** y del mismo modo se nutren tus **embudos de ventas** lo cual endosará sin duda alguna la **sustentabilidad** deseada a tu negocio o empresa.

8. **Orientación hacia tus embudos de ventas:** Como ya podéis haberlo inferido y sino anteriormente te lo asomamos en el epígrafe anterior, al nutrir el trafico en tus embudos de ventas a través de la generación y utilización de **contenidos de calidad**, con correctas **técnicas de SEO** y no solo que complazcan a **Google.**

Sino que seduzcan de forma natural a tu audiencia con estructuras bien definidas en base a listas, numeración, viñetas, introitos y títulos llamativos y de calidad, un cuerpo adecuado y la finalización junto a un excelente **llamado a la acción** no te traerá menos que el éxito en esa **estrategia de marketing de contenidos online.**

9. **Llamado a la acción:** Sin calidad en tus contenidos, originalidad, estructuras correctas, frescura, sinergización con todos tus canales, enfoques adecuados y un **llamado a la acción** con esos **contenidos copywriting** que inviten a creer y a usar o consumir tu brand, tu producto, empresa o negocio no vas a alcanzar el éxito así que enfócate

en un gran llamado a la acción que **multiplique tus probabilidades** de crecimiento y avance total.

10. **Otorga valor a tus contenidos y ofrece promociones a tu público objetivo:** Crea productos de regalo, realiza concursos o invierte en promociones, escribe y crea **ebooks** o **infografías**, presentaciones de power point.

Excelentes recursos para obsequiar a tus interlocutores, es decir dales valor y razones para creer en ti, para confiar en ti pero sobre todo hazles saber que tu **marca**, **producto**, **servicio** o **empresa** nacieron por ellos y para ellos solo así alcanzarás el éxito en tu **nicho** específico de **mercado**.

Bien amigas y amigos, les mostramos **10 claves del marketing de contenidos** que definitivamente deben aplicar para cumplir sus sueños, y créanlo no hay nada más gratificante que imponerte un reto y cumplir un sueño de manera adecuada, así al lograrlo le **aportas valor** a los demás y te demuestras a ti mismo lo que vales y que si puede hacerse.

Qué más puede uno pedirle a la vida, así que sigan siendo creativos que definitivamente **aportando valor** sin esperar más nada a cambio que la pura y genuina **satisfacción** al hacerlo es lo que te hará cada día mejor persona y hará de este **mundo** un lugar **mejor**, lo cual por ende te traerá más que el **éxito**, **la felicidad** por añadidura.

Al haberte paseado por los **pasos** que consideramos imprescindibles en un **Plan** de **Contenidos**, los **objetivos**, motivaciones, **planificación** y **Marketing de recursos** a poner en práctica siempre si quieres lograr ser cada vez más **competitivo**, en la forma como expresas tu **Redacción SEO**.

Está en ti aplicar y aprender cada día como puedes ser mejor en cada una de las **estrategias** que empleas, así como las **tácticas de promoción**, difusión, **análisis y métricas** lo que unido a las frecuencias de publicación correctamente administradas.

El correcto uso de **técnicas de SEO** te llevará como viento en popa hasta la **competitividad** absoluta convirtiéndote en un **referente como Redactor SEO** de tus **interlocutores** alcanzando a su vez las **metas** que te habías planteado para el éxito de tu **Plan de Contenidos**.

Arquitectura correcta en la redacción SEO para una aventajada escritura para el posicionamiento web SEO como base del Marketing de Contenidos:

Si tu **negocio** o profesión es afín con la distribución, **venta**, de algún **contenido**, un bien, producto o servicio y si en tu organización el tipo de trabajo requiere comunicar y ofrecer algún valor y lograr ese producto lo más **optimizado.**

Si eres un vendedor, analista, **redactor SEO, un estratega de Marketing** o un **SEO nichero**, tenemos la solución para facilitar tu vida y labor maximizando tus resultados y **desempeño** en el muy competido y apasionante **mundo SEO** y si la ubicación **Google SEO** es tu obsesión, pues esto es para ti.

¿Cuál debe ser el esquema de un **artículo** para que cumpla la premisa de convertirse en un **auténtico artículo** de **Redacción SEO para el Marketing**?

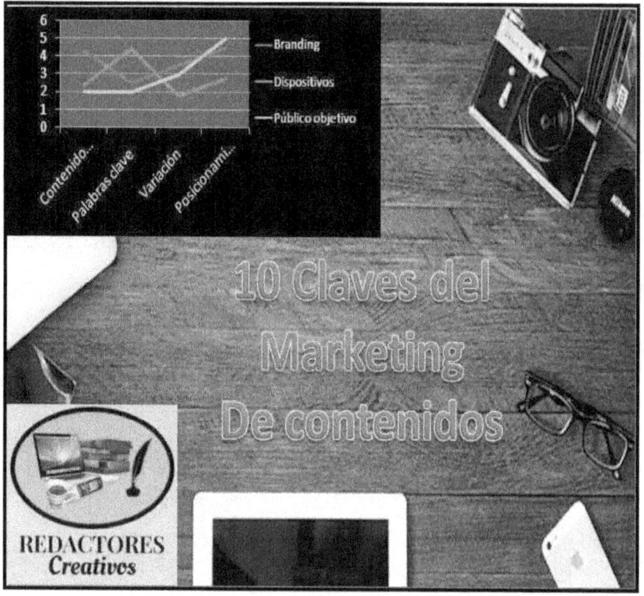

1. **Keywords Research:** Una correcta y adecuada búsqueda e **investigación** de las **palabras clave,** y como sabemos que estás comenzando y buscas obtener **resultados** con la

mínima inversión, no necesitas herramientas de pago para esto, usa a **Google**, la herramienta más **confiable** y más económica de todo este mundillo de la **Redacción SEO**.

2. **Título:** Es necesario incluir en él la **palabra clave principal** esto te garantizará esa ingeniería o arquitectura adecuada para captar al interlocutor desde el mismo momento que este realiza el escaneo inicial de tu **artículo SEO**.

3. **Url:** Concéntrate en este inciso en particular, la **url** debe ser corta, concisa, directa, responsiva, impactante y amigable.

4. **Resumen del artículo:** Un correcto introito del artículo en cuestión debe incluir de entrada ese resumen apropiado con una meta descripción del mismo y de sus elementos, fotos, enlaces, canales, ubicación para

captar los prospectos y su atención de inmediato.

5. **Estructura adecuada:** Debe incluir un título llamativo que enganche, ese elemento **copywriting** impactante que venda, que atraiga y con esa **estructura amigable** y natural que le proporcionan los **sub títulos H1 H2 H3 H4** en un correcto entrelazado, con introito, viñetas, listas, enumeraciones en un cuerpo propicio seguido de una finalización.

Esa finalización para que los **Bots Spiders** de **Google** recorran con comodidad esos caminos, esas autopistas, y su transitar sea sin errores, sin enlaces rotos en armonía con el uso de las **palabras clave** los **links** y las **anchor test** específicas para una correcta ingeniería en la **estructura del artículo.**

6. _Contenido 100% único:_ Esto debería estar implícito o sobreentendido, pero uno nunca sabe, hay quienes viven del espíneo de artículos, ya esto es otra cosa, tu **contenido** debe ser **100% único** y **libre de copyscam**, es decir a toda prueba, fresco, pero sobre todo que aporte valor a la comunidad universal en internet, y que resuelva las necesidades de tu público objetivo.

Si a esto se le suma que los **algoritmos** de **buscadores** determinados son complacidos repito **aportando valor** a las personas y **resolviendo sus necesidades** e inquietudes, pues **Google** te ubicará en las primeras páginas **indexando** tus **contenidos** con la garantía de posicionamiento SEO por la que tanto has trabajado, durante este aprendizaje en la **redacción SEO**.

7. **Incluir un correcto enlazado:** (Enlaces de calidad) a **sitios con autoridad** dentro de tus nichos naturales, pero por favor que sean **enlaces orgánicos** que no provengan de prácticas de intercambios inorgánicos de **backlinks** o de convenios de feedback links.

Ni mucho menos de enlaces provenientes de granjas de enlazado artificial, tan poco éticas que induzcan inorgánicamente a cada aspecto del **posicionamiento SEO**, para que no corras el riesgo de ser penalizado manualmente y pierdas en poco tiempo el trabajo de años que tanto te ha costado al **posicionar**

a tu web, blog o **empresa en internet**.

8. **Usar anchor test:** (Textos ancla) **atractivos,** responsivos, naturales y en sinergia con la **temática de tu artículo** y **nicho específico** de tu web o blog.

9. **Imágenes únicas:** Imágenes libres de **derechos de autor**, y si decides usarlas con derechos respeta la fuente y solicita autorización para su uso, **optimiza las imágenes** e **identifícalas correctamente** incluyendo los **atributos alt** en el texto y coloca información adicional en la **ficha** de la **meta descripción** de la **imagen**.

10. **Uso de negritas:** No lo hagas de forma indiscriminada, ni por el simple hecho de hacerlo, hazlo con criterio, también agrega **cursivas** de ser

necesario y donde contribuyan a la vistosidad de la **arquitectura** de tu **artículo** para mejorar su **estructura de redacción SEO Marketing**.

Para lograr un auténtico **artículo** con excelente **posicionamiento SEO** que induzca y definitivamente genere el efecto que deseas en el **posicionamiento web** debes definitivamente aplicar las **técnicas** de **SEO Marketing** anteriormente descritas, pero sobre todo necesitas **ponerle amor** a tu **formación y aprendizaje**.

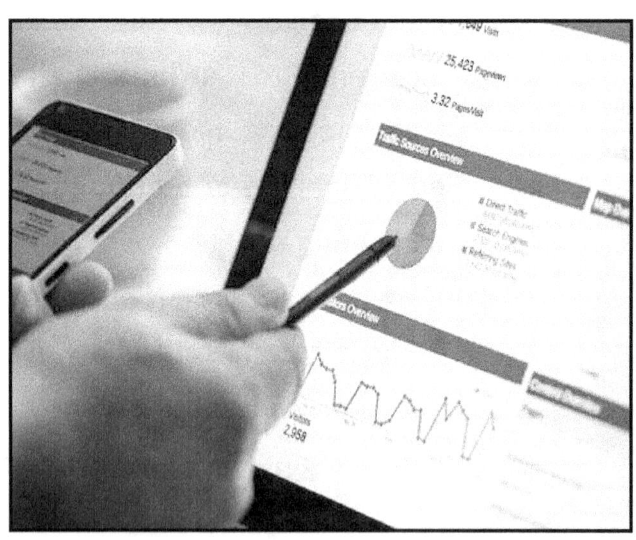

En estos precisos instantes para que una empresa o proyecto Web, blog tenga éxito es necesario que se enfoque en la publicación y generación de contenidos de calidad basados en los nichos naturales que el estudio de mercado evidenció durante el análisis.

Un aspecto que definitivamente pueda constituir la mejor estrategia de ventas que puedes tener, pero no solamente esta es la principal función, es necesario porque si, incorporar las técnicas que marcan las **tendencias** del **marketing** de **contenidos.**

Pero, **¿qué es el marketing de contenidos? Vilma Núñez**, una conocida empresaria, bloguera y especialista en **Marketing Digital** describe de forma sencilla el **Marketing de Contenidos** así: *"Nos referimos a marketing de contenido cuando la estrategia empleada por las* *marcas se basa en generar ciertos tipos de contenidos útiles e interesantes que generan una reacción positiva en sus usuarios."*

Expresado esto es necesario que sepas que el **marketing de contenidos** no es solo una **tendencia** actual, sino que es la **estrategia** más potentísima que puedas imaginar para encender los motores que te lleven a lograr los niveles de avance y **posicionamiento** web **SEO** que te conduzcan de manera clara, simple, atractiva y real al **norte** de los mejores en tu sector y alcanzando horizontes y **niveles de conversión** y **engagement** por ti jamás soñados.

¿Qué pasos conducen a suplir deficiencias durante una correcta estrategia de marketing de contenidos?

Un **contenido real** y digno integrante de una seria **estrategia de contenidos** debe ser capaz de reproducir tanto la realidad como las tendencias actuales de los mercados, y para poder hacerlo esto implica una correcta **investigación** de las **Keyword Research**.

Muy bien entonces esas **palabras claves**, inmersas en excelsos contenidos serán un gran aliado, atraen tráfico y por lo general muchas visitas y viralización de los post de tu blog empresarial, de aquí lo vital de esa estrategia de **marketing de contenidos.**

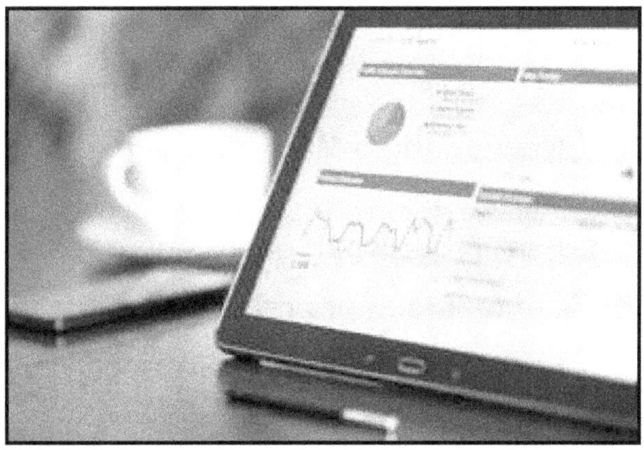

Estrategias de Contenidos & Tendencias

El tipo de contenidos para la estrategia de marketing de contenidos:

Contenidos del tipo, ¿cómo se hace? o How do, estilo tutoriales, que responden a las necesidades de las personas durante sus búsquedas y que además son tanto educativos como llamativos, son pilares y **tendencias** en el **posicionamiento actual** por lo cual no deben faltar en tu **estrategia de contenidos.**

Contrata para el Blog de tu empresa a un especialista en **Periodismo digital, Networking o Marketing digital.**

Ese profesional que genere para ti un **contenido supra relevante**, en un espacio-tiempo donde la gente no dispone de mucho para apreciar el **valor** de las cosas, y que además reciba algo productivo, de gran valía que le genere un plus.

A este nivel no se trata solo de escribir bien, de **semántica, gramática** o de **sintaxis**, es una cuestión de honor, de **copywriting** donde no solo sea vender sino **seducir** y enamorar para **fidelizar** a ese tu **público objetivo**, el pilar de la estrategia exitosa en el **marketing digital.**

Marketing vs tendencias de Contenidos

Esquematizar y clarificar el contenido de un artículo le proporciona mucho valor, además de que enriquece en **estética** y facilita la **comprensión** y logro del **objetivo** con una **estructura amigable** y donde se involucre el **copy conversacional.**

Desarrolla contenido de calidad: Con tantos billones de sitios webs en el mundo, es necesario para sobresalir la creación de contenido relevante tanto en calidad como en aportes al público objetivo de tu empresa, si no eres capaz de cumplir este precepto, pues simplemente retírate y cede el espacio a tus competidores.

Esa estrategia ha de basarse en la actualidad y originalidad: Temas del día a día, en sinergia con las tendencias del marketing de contenidos adaptados a distintos **tipos de públicos** de diferentes edades y que sean **completamente originales**, que **pasen al 100% el copyscam**, te garantizan la sobrevivencia en tu lucha por el éxito en el **mundo digital con tendencias 4.0** que está actualmente al **nivel de 5G**.

No hay nada más gratificante o más excitante ni más apasionante después del sexo con amor claro está, que una **correcta estructura** y una adecuada **ingeniería de tus artículos**, que a su vez resuelva con tus contenidos más que las expectativas de los **algoritmos** y los **bots spiders** de **Google**.

Para alcanzar una mayor difusión de los artículos que escribes y en general de tus contenidos **genera valor: Vilma Núñez**, una conocida empresaria, bloguera e influencer aconseja ofrecer dentro de tus contenidos **material gratuito descargable** como **e-books**, estudios o plantillas, esto enriquece tus contenidos.

Y aportando valor real, no niegues la calidad aún en la gratuidad lo que te ayudará a vender y a ser aceptados tus contenidos de pago donde ofrezcas tus productos, teniendo muy claro que no debes ser intrusivo hasta el punto de llegar al spam.

Una buena estrategia es la distribución de tus **Artículos SEO Redactados** en las redes sociales, usa el principio de **Social Media Marketing**

Marketing SEO Trends
Contents

Títulos llamativos para una **redacción especializada:** Un **contenido** de real **calidad** comienza por un buen título, si no logras enamorar a tu **público objetivo** desde el primer momento con un **título Copy** y atrayente, ya tienes la batalla perdida, crea **títulos únicos** y que no sobrepasen los 07 u 8 palabras como máximo, desde allí fidelizarás y te amarán sumando más tiempo dentro de tu sitio web, en beneficio de tu empresa.

Define el objetivo de tus contenidos con ideas claras: nada de ambigüedades al definir el **correcto objetivo** de tu contenido, con **ideas** tanto **claras** como exactas para el logro que tienes en mente para alcanzar con dichas ideas como **parte integral** de esa excelente **estrategia de contenidos**.

La tendencia más marcada en los últimos tiempos la constituye el posicionamiento en buscadores, y no es solo **Google**, sino **Bing**, **Yahoo**, por nombrar solo algunos de los más importantes, en cuanto a tu nicho es muy importante inducir orgánicamente el **posicionamiento web SEO.**

Así que a esforzarse por una estructura que permita una correcta ingeniería que conduzca a las búsquedas de los clientes y que optimizando te permita que lleguen a ti, y repito seduciendo no solo al gigante mundial sino a todos los buscadores, es un gran comienzo, efectivo y muy claro para el **marketing de contenidos** como **estrategia de posicionamiento** y visualización de tus recursos.

Emplea tus contenidos en el email marketing: Una gran estrategia del marketing de contenidos para atraer y fidelizar a tus clientes es la del **email marketing**, pues usa un contenido de mucha calidad para traer y atraer a tus clientes a donde los quieres tener, esto te hace sobresalir ante tus competidores, también el **Big Data**, un ordenado y bien estructurado manejo de los datos es sinónimo de **trending digital marketing.**

Parte de la **estrategia** incluye un **llamado a la acción:** Ese llamado a la acción promueve la atención, genera el interés, impulsa e induce la decisión y con esto llévale a la acción, y con un contenido excelente de post atrayentes usando la técnica del **marketing de atracción**, estrategias del marketing digital.

Mantén el **blog** o la página **web de tu empresa** en constante innovación y siempre **actualizada**, adaptada a los tiempos de hoy y a las **tendencias de navegación** de los clientes potenciales, cuando lo haces con amor, esto se traducirá en que tus

contenidos lograrán seducir, y fidelizar a tu audiencia.

Objetivo lo que definitivamente garantiza una correcta **sustentabilidad de tu negocio** en un espacio y tiempo adaptados al logro de tus metas en este complicado mundo de las **tendencias actuales** del **marketing de contenidos online**.

Contribuye con tu **público objetivo** aportándoles valor de ese modo puedes **convertir leads** en **ventas efectivas** influenciando muy positivamente a los prospectos y colocándolos a favor del éxito **SEO Marketing** de tus recursos con esa gran **Redacción SEO.**

Todas estas destrezas que estás aprendiendo hoy contribuyen y aportan a tu crecimiento y avance junto al de tus futuros clientes, seguidamente y al haber aprendido las **Técnicas de Redacción** para poder convertirte en un <u>Experto redactor SEO de 0 a 100 en sólo 3 semanas.</u>

Crédito de todas las imágenes del libro: **Pixabay.com** Más de 1 millón de imágenes disponibles para uso comercial gratis. Te invito a apoyar con donaciones a esos insignes creativos diseñadores.

Siempre cree en ti y en todas tus potencialidades, no permitas que los agoreros del desastre te hagan desfallecer, siempre vas a poder lograrlo.

Así que emprende y convierte tus recursos en un auténtico **Activo Digital**.

**Lcdo. Wilmer Antonio Velásquez Peraza
KDP Diseño Editorial**

<u>https://kdpeditorialdesign.com/</u>

Referencias Bibliográficas:

Criterios de segmentación de mercados. Laia Ordóñez. Disponible en: https://cutt.ly/c9C7A9 Consultado el 31 de julio 2021.

Envíalo simple. Tendencias en marketing de contenidos 2019. [Artículo en un Blog] Disponible en: http://bit.ly/2JINRmH Consultado el 27 de diciembre de 2021.

Herrera P. (2019, Agosto 22) Técnicas SEO: posicionamiento en buscadores. [Mensaje de un blog] Recuperado de: http://bit.ly/2Pal4pp Consultado 28 diciembre 2021.

Inbouncycle Academia. **Buyer persona: El factor clave** en tu estrategia de **marketing y ventas**. [Artículo en un Blog] Disponible en: https://bit.ly/2Hm0cUN Consultado el 28 de diciembre de 2021.

Marco J. Andalucía Lab. Copy conversacional. 20 de Septiembre 2019 copywriting conversacional en una empresa. [Artículo en blog] Disponible en: https://cutt.ly/yeuZme0 Consultado el 26 de diciembre 2021.

Marketinet Agencia Digital. 15 febrero 2018. Cómo medir tu estrategia de marketing de contenidos. [Artículo en un Blog] Disponible en: https://bit.ly/2Hm0cUN Consultado el 31 de diciembre de 2021.

Núñez V. **El blog de VN**. 2018. ¿Qué es el marketing de contenidos? [Artículo en un blog] Disponible en: http://bit.ly/366NeqM Consultado el 29 de diciembre de 2021.

Oliver Peralta E. **Genwords** ¿Cómo crear contenidos para cada etapa del embudo de ventas? [Artículo en sitio web] Disponible en: http://bit.ly/2YDl0zm Consultado el 27 de diciembre de 2021.

Patel N. (2019, Agosto 22) Beyond SEO: Googlebot Optimization [Artículo en Blog] Recuperado de https://bit.ly/2TWoqch Consultado 28 diciembre 2021.

Pérez N. Semrush Microcopy. 27 de Febrero 2019. Pequeños textos con grandes resultados. [Artículo en blog] Disponible en: https://cutt.ly/aeuZYdh Consultado el 29 de diciembre 2021.

Que es el SEO en el marketing digital Laura Morral Quintana (06-09-2018) Inbound Emotion LAB [Artículo en un Blog] recuperado de:

www.inboundemotion.com/ Consultado 28 diciembre 2021.

Que es el SEO para los furiosos Romuald Fons. 01-04-2018. Furiosos del SEO Curso básico. Estrategias técnicas SEO [Artículo en un Blog] recuperado

de: **https://romualdfons.com/seo/**
Consultado 28 diciembre 2021.

Redactores Creativos & Diseño Editorial.
Servicios de Redacción SEO Profesional.
Marketing Digital. Diseño Editorial y
Copywriting. [Información ubicada en sitio
web] Disponible en:

https://kdpeditorialdesign.com/

Consultado el 30 de diciembre 2019.

Strategist J. Diccionario **Inbound
Marketing**. 2017. **Buyer persona**. [Artículo
publicado en blog] Disponible en:
http://bit.ly/2NP6gJI Consultado el 27 de
diciembre de 2021.

116 Estadísticas de las redes sociales.
Brandwatch. Disponible en:
https://cutt.ly/W9VjrE Consultado el 31 de
diciembre 2019.

Tomasena M. Copywriting Conversacional. 2019. 10 trucos para escribir copywriting conversacional. [Artículo en blog] Disponible en: https://cutt.ly/jeuZWwG Consultado el 31 de diciembre de 2021.

Hazte experto redactor SEO de 0 a 100 en solo 3 semanas

Este libro fue revisado y corregido
actualizado el 20 de julio de 2022.

Plantilla para notas finales

Notas

Notas

Notas

Notas

Notas